토익 기본기 완성   Week **12**

선택 의문문

QR코드 하나를 가리고 찍으면 편해요!

▲ MP3 바로듣기   ▲ 강의 바로보기

선택 의문문은 문장이 다소 길어서 어렵게 느껴질 수 있지만, 'A or B' 선택 사항 부분만 제대로 들어도 정답을 고를 수 있습니다. 선택 의문문에 대해 답변할 때에는 질문에 'A or B'의 구조로 제시되는 두 가지 대상 중의 하나를 선택해 답변하는 경우가 가장 많습니다. 하지만 때때로 질문자가 제시한 A나 B 대신 전혀 다른 것을 말하는 경우도 있으니 주의하세요.

주스(juice)를 드시겠어요,
아니면(or)
물(water)을 드시겠어요?

■ A, B 둘 중 하나 선택

A or B 선택 사항 중에서 하나를 선택하는 응답이 정답으로 가장 많이 출제됩니다. 이때 질문에 나온 표현과 다른 표현을 사용하여 선택하는 경우를 조심해야 해요.

Q Would you like some **juice** or **water**?
                    A   B

A Water sounds good. ☞ B 선택

주스를 드시겠어요, 아니면 물을 드시겠어요?

물이 좋겠네요.

Q Should we **walk** or **take a bus** to the museum?
                  A   B

A Let's walk there. ☞ A 선택

박물관에 걸어가야 할까요, 아니면 버스를 타야 할까요?

걸어가시죠.

Q Should I pick you up at **8** or **9** tomorrow?
                          A B

A Earlier is better. ☞ 질문과 다른 표현으로 A 선택

제가 내일 당신을 8시에 데리러 가야 하나요, 9시에 가야 하나요?

빠른 게 더 좋겠네요.

■ 기타 응답

질문자가 제시한 A와 B 둘 다 좋다고 하거나, 둘 다 싫다고 하는 경우, 또는 A, B와 전혀 다른 제3의 선택을 하는 경우도 출제됩니다.

Q Would you like a **paper** or a **plastic bag**?	종이백으로 하시겠어요, 아니면 비닐백으로 드릴까요?
A Either is fine. ☞ 둘 다 좋음	둘 중 아무거나 좋습니다.
Q Did you park on the **street** or in the **parking lot**?	길에 주차했나요, 아니면 주차장에 했나요?
A Oh, I took the **subway**. ☞ 제3의 선택	아, 지하철을 타고 왔어요.

Quiz 음원을 듣고 각 선택지가 질문에 알맞은 응답이면 O, 아니면 X에 표시하고 빈칸을 채워보세요.

1 Would you like to _____ or outside on the patio?

(A) I prefer to sit indoors. [O X]

(B) Yes, that'd be great. [O X]

(C) It's too cold outside. [O X]

2 Do you want to _____ on Thursday or Saturday?

(A) No, I haven't seen it yet. [O X]

(B) Let me check my schedule. [O X]

(C) I'm going out of town this weekend. [O X]

정답 및 해설 p. 23

Practice

▲ MP3 바로듣기

▲ 강의 바로보기

오늘 배운 내용을 바탕으로 연습문제를 풀어 보세요.

1 Mark your answer. (A) (B) (C)

2 Mark your answer. (A) (B) (C)

3 Mark your answer. (A) (B) (C)

4 Mark your answer. (A) (B) (C)

5 Mark your answer. (A) (B) (C)

6 Mark your answer. (A) (B) (C)

7 Mark your answer. (A) (B) (C)

8 Mark your answer. (A) (B) (C)

9 Mark your answer. (A) (B) (C)

10 Mark your answer. (A) (B) (C)

memo

Today's VOCA

01 evaluate

이봴류에잇 [ivǽljueit]

동 평가하다

evaluate Ms. Monroe as a candidate for the position
먼로 씨를 그 직책의 후보자로서 평가하다

파 **evaluation** 명 평가, 평가서

02 internal

인터ㄹ널 [intə́:rnəl]

형 내부의

accept **internal** job applications only
내부 지원서만 받다

파 **internally** 부 내부적으로

03 regret

뤼그뤳 [rigrét]

동 유감스럽다, 후회하다 명 후회, 유감

We **regret** that we are unable to process your order.
유감스럽게도 귀하의 주문을 처리할 수 없습니다.

파 **regrettably** 부 유감스럽게도

04 deserve

디저ㄹ브 [dizə́:rv]

동 ~을 받을 자격이 있다

deserve a high-quality service
고품질 서비스를 받을 자격이 있다

05 name

네임 [neim]

동 ~을 임명하다, 이름을 대다 명 이름, 명성

be **named** (as) president
회장으로 임명되다

06 outgoing

아웃고-잉 [autgóuiŋ]

형 퇴사하는, 나가는, 외향적인

honor **outgoing** employees
퇴사하는 직원들을 기념하다

07 top

탑 [tɑp]

형 최우선의, 정상의, 최고의 명 정상, 최고, 상단

a **top** priority
최우선 과제

08 former

뿨ㄹ머ㄹ [fə́:rmər]

형 ~ 출신의, 전직 ~인, 이전의

Mr. Weaver, the **former** chief executive officer 전 CEO 위버 씨

파 **formerly** 부 전에

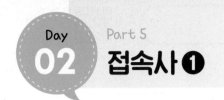

접속사 ❶

등위접속사

접속사는 문장에서 두 개의 요소를 연결하는 역할을 합니다. 접속사는 대등한 관계로 연결하는 등위접속사와 하나의 절을 다른 절의 일부로 포함시키는 종속접속사로 나눌 수 있습니다. 등위접속사는 단어-단어, 구-구, 절-절 등 문법적으로 대등한 요소들을 연결하며, 동일한 품사를 연결합니다. 또한, 등위접속사의 의미를 강조하기 위해 앞에 부사를 추가한 상관접속사도 있는데, 상관접속사는 각자 짝을 가지고 있어 정해진 짝으로만 사용되어야 합니다. 이번 Day에서는 등위접속사와 상관접속사를, 다음 Day에서는 종속접속사를 학습하겠습니다.

■ 등위접속사의 종류

토익에 잘 나오는 등위접속사에는 and, but, or가 있습니다. and는 '그리고'라는 의미를 나타내며, 두 가지 요소를 순차적으로 연결할 때 쓰입니다.

> You should bring **the item** **and** **the receipt** to get a refund.
> 환불을 받으시려면 제품과 영수증을 가지고 오셔야 합니다.

but은 '그러나, 하지만'이라는 의미로, 두 요소를 상반된 의미 관계로 연결합니다. 보통 but 앞에 나온 내용과 반대되는 내용이 but 뒤에 제시됩니다.

> I **called** Mr. Flint last night, **but** he **didn't answer**.
> 나는 어젯밤에 플린트 씨에게 전화했지만, 그는 받지 않았다.

or는 '또는, ~중에 하나'라는 뜻으로, 문장 내에 제시된 두 가지 요소 중에 하나를 선택하는 의미를 나타낼 때 쓰입니다.

> You can **keep your luggage with you** **or** **check it**.
> 여러분은 수하물을 직접 소지하거나 맡기실 수 있습니다.

📖 상관접속사

상관접속사는 등위접속사의 의미를 강조하기 위해 등위접속사로 연결되는 두 요소 앞에 부사를 추가하여, 부사와 등위접속사를 합친 것을 의미합니다. 상관접속사는 짝으로 사용되는 부사와 등위접속사가 정해져 있으므로 반드시 짝에 맞춰 사용해야 합니다.

■ 상관접속사의 종류

상관접속사 문제는 문장에 제시된 부사 또는 등위접속사를 보고, 함께 쓰이는 짝을 고르는 단순한 유형으로 출제됩니다. 해석이나 문장 구조 분석을 하지 않고 정답 단서만 찾는다면 빠르게 풀 수 있습니다.

both A and B A와 B 모두	**either A or B** A 또는 B 중 하나
neither A nor B A와 B 둘 다 아닌	**not only A but (also) B** A뿐만 아니라 B도

We will encourage **both** employees **and** management to attend the annual banquet.
우리는 직원과 경영진 모두가 연례 연회에 참석하도록 권장할 것입니다.

Either Jamie **or** Chris will be the leader of our next marketing campaign.
제이미 또는 크리스 둘 중 한 명이 우리의 다음 마케팅 캠페인을 이끌 것이다.

Neither visitors **nor** staff are permitted to park here.
방문객과 직원 모두 이곳에 주차하는 것이 허용되지 않습니다.

This camera is **not only** for amateurs **but** (also) for professionals.
이 카메라는 아마추어뿐만 아니라 전문가들도 위한 것입니다.

3초 퀴즈

You can make a reservation either online ------- by phone.

(A) and
(B) or

오늘 배운 내용을 바탕으로 연습문제를 풀어 보세요.

1 We will begin selling tickets for the opera either on Friday ------- Saturday.

(A) and (B) or
(C) also (D) so

memo

2 All new employees should attend ------- the June 10 orientation and the July 5 workshop.

(A) and (B) either
(C) nor (D) both

3 Some participants ------- completed the form nor submitted it to the desk.

(A) both (B) none
(C) neither (D) all

4 Patients may make appointments with Dr. Schultz ------- by calling the office or by using our mobile app.

(A) and (B) but
(C) either (D) neither

5 Mara not only makes handcrafted vases ------- also sells them herself.

(A) nor (B) however
(C) although (D) but

Today's VOCA

DAY 02

Part 5 접속사 ①

01 regularly ★★★★★
뤠귤러ㄹ리 [régjulərli]
图 정기적으로, 규칙적으로

regularly participate in the training program 정기적으로 교육훈련 프로그램에 참가하다
및 **regular** 웹 정기적인, 규칙적인

02 require ★★★
뤼콰이어ㄹ [rikwáiər]
图 필요로 하다, 요구하다

be **required** to submit receipts
영수증을 제출하는 것을 필요로 하다
및 **requirement** 명 필수 요건, 자격 요건

03 access ★★★
액세스 [ǽkses]
图 접근하다, 이용하다 명 접근(권한), 이용

access important overseas markets
중요한 해외 시장에 접근하다
및 **accessible** 웹 접근 가능한, 이용 가능한

04 confidential ★★
칸쀠덴셜 [kɑnfidénʃəl]
웹 기밀의

be kept **confidential**
기밀로 유지되다
및 **confidentiality** 명 기밀성

05 benefit ★★
베너삣 [bénəfit]
명 혜택, 이득, (급여 이외) 특전 图 혜택을 주다

additional membership **benefits**
추가적인 회원 혜택
및 **beneficial** 웹 유익한, 이로운

06 consult ★★
컨썰(트) [kənsʌ́lt]
图 (사람에) 상담하다, (자료를) 참조하다

consult an accountant 회계사와 상담하다
및 **consultant** 명 컨설턴트, 자문 위원

07 implement ★★
임플러먼(트) [ímpləmənt]
图 시행하다

implement a new plan
새로운 계획을 시행하다
및 **implementation** 명 시행

08 grant ★★
그랜(트) [grænt]
图 승인하다, 허용하다 명 보조금

grant Ms. Higgins a raise
히긴스 씨에게 급여 인상을 승인하다

Part 2
평서문과 부가 의문문

평서문이란 의문문이 아닌 「주어 + 동사」 또는 명령문 구조로 된 긍정문이나 부정문을 말합니다. 문장 속에서 강하게 발음되는 동사나 명사 등의 내용어를 중심으로 핵심 내용을 빠르게 파악해야 하는 고난도 유형이에요.

> 점심 **식사 후에** 그 디자인을 논의해 (discuss the design) **봅시다.**

■ 평서문

평서문은 유형이 다양한 만큼 답변 유형도 매우 많은데, 특히 상대의 말에 맞장구를 치는 유형, 해결책을 제시하는 유형, 다른 의견을 말하는 유형, 그리고 내용에 대해 되묻는 유형이 자주 출제됩니다.

디자인을 논의하다
Q Let's **discuss the design** after lunch.　　　점심 식사 후에 그 디자인을 논의해 봅시다.

A OK. I'll see you soon. ☞ 수락/동의　　　좋아요. 곧 뵙겠습니다.

작동하지 않는다
Q The printer is **not working**.　　　프린터가 작동하지 않아요.

A **You can use** the one upstairs. ☞ 해결책 제시　　　위층에 있는 걸 쓰실 수 있어요.

새 복사기를 구매하다
Q I think we should really **buy a new copier**.　　　우리는 정말로 새 복사기를 구입해야 할 것 같아요.

A **But** our copy machine is working fine. ☞ 다른 의견　　　하지만 우리 복사기는 잘 작동하고 있는걸요.

나들이하러 가다
Q I'm **going on a picnic** this weekend.　　　저는 이번 주말에 나들이하러 가요.

A **Did you check** the weather forecast? ☞ 되묻기　　　일기 예보를 확인해 보셨나요?

■ 부가 의문문

부가 의문문은 「평서문, 꼬리말?」 구조로 되어 있으며, 동의를 얻거나 사실을 확인하기 위해 쓰입니다. 이때 꼬리말은 전혀 신경 쓸 필요가 없고, 평서문으로 제시되는 내용을 명확히 파악하는 것이 중요해요.

고객과 점심 식사를 하다
Q You're having lunch with the client, ~~aren't you~~?   당신은 고객과 점심 식사를 하시죠, 그렇지 않나요?

A Yes, at noon.   네, 정오에요.

오전 11시 회의
Q The meeting is at 11 a.m., ~~right~~?   회의가 오전 11시에 있죠, 맞죠?

A No, at 10 a.m.   아뇨, 10시에 있어요.

Quiz 음원을 듣고 각 선택지가 질문에 알맞은 응답이면 O, 아니면 X에 표시하고 빈칸을 채워보세요.

1 That was an _____ speech.

(A) He is interested in it.   [O X]
(B) You're right. It was great.   [O X]
(C) Yes, I'd like to.   [O X]

2 You've _____ in London, haven't you?

(A) I don't think he was there.   [O X]
(B) It will take 5 hours by airplane.   [O X]
(C) Yes, it was a great experience.   [O X]

정답 및 해설 p. 26

DAY 03

Part 2 평서문과 부가 의문문

Practice

정답 및 해설 p. 26

▲ MP3 바로듣기   ▲ 강의 바로보기

오늘 배운 내용을 바탕으로 연습문제를 풀어 보세요.

1   Mark your answer.   (A) (B) (C)

2   Mark your answer.   (A) (B) (C)

3   Mark your answer.   (A) (B) (C)

4   Mark your answer.   (A) (B) (C)

5   Mark your answer.   (A) (B) (C)

6   Mark your answer.   (A) (B) (C)

7   Mark your answer.   (A) (B) (C)

8   Mark your answer.   (A) (B) (C)

9   Mark your answer.   (A) (B) (C)

10   Mark your answer.   (A) (B) (C)

memo

Today's VOCA

01 permission ★★
퍼ㄹ**미**션 [pərmíʃən]
명 허가

obtain **permission** from one's supervisor
상사로부터 허가를 받다
파 **permit** 명 허가증 동 허가하다, 허락하다

02 intend ★★
인**텐**(드) [inténd]
동 생각하다, 의도하다, 작정이다

intend to open a factory in Vietnam
베트남에 공장을 열 생각이다
파 **intended** 형 의도된

03 procedure ★★
프뤄**씨**줘ㄹ [prəsíːdʒər]
명 절차, 과정

follow the standard **procedures**
표준 절차를 따르다

04 starting ★★
스타ㄹ팅 [stáːrtiŋ]
전 ~부터

starting (at) + 시간
~부터

05 strictly ★★
스트뤽(틀)리 [stríktli]
부 엄격하게

comply **strictly** to safety rules
엄격하게 안전 규정을 준수하다
파 **strict** 형 엄격한

06 behalf ★★
비해(쁘) [biháef]
명 대리, 이익

attend the conference on **behalf** of Quinn
Taylor 퀸 테일러 씨를 대신해 학회에 참석하다
* on behalf of ~을 대신하여

07 essential ★★
이**쎈**셜 [isénʃəl]
형 필수적인, 본질적인

essential to the well-being of our
employees 직원 복지에 절대적으로 필수적인
파 **essentially** 부 필수적으로

08 comply ★★
컴플**라**이 [kəmplái]
동 준수하다

comply with international air safety
requirements 국제 항공 안전 규정을 준수하다
파 **compliance** 명 준수

DAY 03

Part 2 평서문과 부가 의문문

접속사 ❷

📖 종속접속사 (1)

종속접속사는 하나의 절을 문장의 일부로 종속 즉, 포함시키는 역할을 하며, 이때 종속접속사가 이끄는 절을 종속접속사절 또는 종속절, 그리고 종속접속사절의 수식을 받는 절을 주절이라고 합니다. 종속접속사는 주절과 종속절의 내용에 따라 의미에 맞게 사용되어야 합니다. 종속접속사의 종류에는 부사절 접속사와 명사절 접속사가 있습니다. 시험에는 문장 구조를 분석해 부사절 접속사나 명사절 접속사를 선택하는 유형 또는 주절과 종속절의 의미를 해석해 알맞은 부사절 접속사를 고르는 유형으로 주로 출제됩니다. 이번 Day에서는 부사절 접속사에 대해 학습하겠습니다.

■ 부사절 접속사

부사절은 주어와 동사가 포함된 하나의 절을 부사처럼 사용할 수 있는 절이고, 부사절 접속사는 이 부사절을 이끄는 접속사를 뜻합니다. 따라서 부사절(또는 종속절)은 「부사절 접속사 + 주어 + 동사」의 구조를 가지며, 주절의 앞 또는 뒤에 올 수 있습니다. 부사절은 단독으로 사용할 수 없으며, 반드시 주절에 종속되어 사용되어야 합니다.

> 부사절이 주절 앞에 위치할 때는
> 부사절 뒤에 콤마(,)를 써요.

부사절   주절
If you agree with the proposal, please raise your hand.
만약 이 제안에 동의하신다면, 손을 들어주세요.

주절   부사절
Mr. Smith couldn't attend the meeting **because** he was busy.
스미스 씨는 바빴기 때문에 회의에 참석하지 못했다.

	부사절 접속사
이유	because ~하기 때문에 since ~때문에 now that ~이므로
시간	before ~하기 전에 until ~할 때까지 when ~할 때 after ~한 후에 while ~하는 동안
양보	although 비록 ~하지만 even though 비록 ~하지만
조건	if 만약 ~ 한다면 unless ~하지 않는다면
대조	whereas ~인 반면 while ~인 반면

We will inform you **when** the order has been processed.
주문이 처리되면 저희가 귀하께 알려드릴 것입니다.

Customers prefer mobile banking **since** it is more convenient.
고객들은 더 편리하기 때문에 모바일 뱅킹을 선호한다.

Although previous experience is not necessary, it can be helpful.
비록 이전 경력이 필수는 아니지만, 도움이 될 수는 있다.

3초 퀴즈

Jason will become the CEO of Primary Bank ------- he is young.

(A) before
(B) although

5초 단축비법

부사절 접속사 출제 유형

☑ 선택지에 부사절 접속사 외에 전치사 등이 포함된 유형

선택지에 부사절 접속사 외에 전치사나 부사, 접속부사 등 다른 품사들이 포함된 경우, 문장 구조 분석을 해야 합니다. 빈칸 앞뒤로 완전한 문장이 있다면 부사절 접속사를 정답으로 고르면 됩니다.

완전한 문장   완전한 문장
You will not be reimbursed **until** you submit all receipts.
모든 영수증을 제출하고 나서야 환급을 받을 것이다.

(A) along   (B) when   (C) until   (D) early

☑ 선택지에 부사절 접속사만 포함된 경우

선택지에 다양한 의미의 부사절 접속사만 있는 경우, 해석을 통해 콤마로 이어진 두 문장의 의미를 파악해야 합니다.

If you need more information, please visit our Web site.
더 많은 정보가 필요하시면, 저희 웹사이트를 방문하십시오.

(A) Once   (B) If   (C) When   (D) Because

▲ 강의 바로보기

오늘 배운 내용을 바탕으로 연습문제를 풀어 보세요.

1 ------- reviewers praised the movie, it failed commercially.

(A) When (B) Although
(C) And (D) Because

memo

2 ------- attendees enter the convention hall, they should pick up their welcome packet.

(A) Although (B) Before
(C) Until (D) Whereas

3 The company picnic has been rescheduled ------- it will rain all weekend.

(A) since (B) even though
(C) after (D) if

4 An extended warranty will be included ------- you purchase a television during the event.

(A) if (B) for
(C) yet (D) either

5 ------- King Manufacturing's output has decreased this year, its monthly profits have risen steadily.

(A) While (B) Since
(C) When (D) However

Today's VOCA

▲MP3 바로듣기

01 specific ★★
스삐씨삑 [spisífik]
형 구체적인, 특정한 명 세부 정보 (복수형)

provide **specific** guidelines on
~에 대한 구체적인 지침을 제공하다
📘 **specifically** 부 특히

02 policy ★★
팔러시 [páləsi]
명 정책, 방침, 보험 증권

to remind you of a few **policies**
몇 가지 정책을 상기시키기 위해

03 compliance ★★
컴플라이언스 [kəmpláiəns]
명 준수

ensure **compliance** with new government
guidelines
새로운 정부 지침을 확실히 준수하도록 하다

04 observe ★
업저ㄹ(브) [əbzə́ːrv]
동 준수하다, 관찰하다

observe all safety regulations
모든 안전규정을 준수하다

05 personal ★
퍼ㄹ서널 [pə́rsənəl]
형 개인적인, 사적인

personal belongings
개인 소지품
📘 **personally** 부 개인적으로, 직접

06 revise ★
뤼봐이즈 [riváiz]
동 개정하다, 수정하다

revise the policy
정책을 개정하다
📘 **revised** 형 수정된, 개정된

07 guideline ★
가잇-라인 [gáidlain]
명 지침, 안내

follow **guidelines**
지침을 따르다

08 identification ★
아이덴터쀠케이션 [aidentəfikéiʃən]
명 신분 증명(서)

a valid form of **identification**
유효한 신분증
📘 **identify** 동 찾아내다, 확인하다

VOCA

● 단어와 그에 알맞은 뜻을 연결해 보세요.

1 confidential •

2 specific •

3 essential •

• (A) 기밀의

• (B) 필수적인, 본질적인

• (C) 구체적인, 특정한, 세부 정보

● 다음 빈칸에 알맞은 단어를 선택하세요.

4 ------- Ms. Monroe as a candidate for the position
먼로 씨를 그 직책의 후보자로서 평가하다

5 ------- with international air safety requirements
국제 항공 안전 규정을 준수하다

(A) evaluate
(B) revise
(C) comply

6 ------- the policy
정책을 개정하다

● 실전 문제에 도전해 보세요.

7 Mr. Howard, the regional sales manager, visits the sales offices -------.

(A) internally   (B) regularly
(C) strictly   (D) essentially

8 I am writing on ------- of Montreal Engineering regarding the construction permit.

(A) guideline   (B) benefit
(C) behalf   (D) top

한 주 동안 학습한 내용을 적용하여 기출변형 문제들을 풀어 보세요.

▲ MP3 바로듣기

▲ 강의 바로보기

1 Mark your answer.   (A) (B) (C)

2 Mark your answer.   (A) (B) (C)

3 Mark your answer.   (A) (B) (C)

4 Mark your answer.   (A) (B) (C)

5 Mark your answer.   (A) (B) (C)

6 Mark your answer.   (A) (B) (C)

7 Mark your answer.   (A) (B) (C)

8 Mark your answer.   (A) (B) (C)

9 Mark your answer.   (A) (B) (C)

10 Mark your answer.   (A) (B) (C)

DAY 05

Weekly Test

한 주 동안 학습한 내용을 적용하여 기출변형 문제들을 풀어 보세요.

▲ 강의 바로보기

1 Marie Cruz was formally offered the accounting job on Monday ------- she has yet to respond.

(A) and
(B) but
(C) or
(D) no

2 Neither employees ------- delivery persons are allowed to enter the building without identification.

(A) yet
(B) nor
(C) or
(D) with

3 ------- the marketing team worked overtime, the project ended in failure.

(A) Despite
(B) Although
(C) Because
(D) Until

4 Salsa dance classes are usually held ------- at the community center or at the Spanish Cultural Center.

(A) and
(B) but
(C) either
(D) neither

5 ------- we have your written consent, we will not share your personal information for any reason.

(A) Therefore
(B) Except
(C) Unless
(D) Without

6 Technical support offered by our company is available both by phone ------- on the Internet.

(A) nor
(B) also
(C) and
(D) either

7 The posted signs discourage passengers from using their cell phones ------- they are on the train.

(A) during
(B) only
(C) soon
(D) while

8 The textbook for the driving license test outlines not only the basic road rules ------- also speed limit ranges.

(A) and
(B) still
(C) but
(D) or

9 Employees can use the building's south entrance ------- the renovation work has been completed.

(A) now that
(B) because of
(C) while
(D) although

10 The CEO was under pressure ------- he had to come up with a solution to the company's crisis.

(A) due to
(B) since
(C) until
(D) except for

Week **12**
정답 및 해설

Day 01 선택 의문문

Quiz

1. Would you like to <u>sit inside</u> or outside on the patio?

(A) I prefer to sit indoors. [O]
(B) Yes, that'd be great. [X]
(C) It's too cold outside. [O]

실내에 앉고 싶으세요, 아니면 바깥에 있는 테라스에 앉고 싶으세요?
(A) 저는 실내에 앉는 것을 선호해요.
(B) 네, 그렇게 하면 아주 좋을 거예요.
(C) 밖이 너무 추워요.

해설 (A) inside와 동의어인 indoors를 언급함으로써 실내에 앉는 것을 선택하는 답변이므로 정답.
(B) 선택 의문문에 어울리지 않는 Yes 및 대상을 알 수 없는 that으로 답변하는 오답.
(C) 밖이 춥다는 말로 실내에 앉고 싶다는 뜻을 나타내는 답변이므로 정답.

어휘 **inside** 실내에, 안에(= indoors) **outside** 실외에, 밖에 **patio** 테라스 **prefer to do** ~하는 것을 선호하다

2. Do you want to <u>see a movie</u> on Thursday or Saturday?

(A) No, I haven't seen it yet. [X]
(B) Let me check my schedule. [O]
(C) I'm going out of town this weekend. [O]

목요일에 영화를 보고 싶으세요, 아니면 토요일에 보고 싶으세요?
(A) 아니요, 저는 아직 못 봤어요.
(B) 제 일정을 확인해 볼 게요.
(C) 이번 주말엔 시외로 갈 거예요.

해설 (A) 선택 의문문에 어울리지 않는 No 및 대상을 알 수 없는 it으로 답변하는 오답.
(B) 자신의 일정을 확인하는 것은 영화를 보는 것이 가능한 요일을 확인한다는 의미의 답변이므로 정답.
(C) 주말에 시외로 갈 것이라는 말로 토요일이 아닌 목요일을 선택하는 답변이므로 정답.

어휘 **see a movie**(= watch a movie) 영화를 관람하다 **go out of town** (출장 등으로) 도시를 떠나다

Practice

1. (A)	2. (C)	3. (C)	4. (A)	5. (B)
6. (A)	7. (C)	8. (C)	9. (A)	10. (B)

1. Would you like to sit at a table inside or outside?
(A) An inside table sounds good.
(B) I'd like the soup of the day.
(C) How about tomorrow?

실내에 있는 테이블에 앉으시겠어요, 아니면 밖에 있는 테이블에 앉으시겠어요?
(A) 실내 테이블이 좋은 것 같아요.
(B) 오늘의 수프로 하겠습니다.
(C) 내일은 어떠세요?

정답 (A)
해설 질문에 제시된 두 가지 선택 사항 중 하나인 inside를 선택하여 답변하므로 정답.
어휘 **inside** ad. 실내에, 안에 a. 실내의, 안에 있는 **outside** ad. 밖에, 실외에 a. 밖에 있는, 실외의 **sound + 형용사**: ~한 것 같다 **would like + 명사**: ~를 원하다

2. Are you going to rent a car or use public transportation?
(A) Yes, I am.
(B) In the repair shop.
(C) Let's rent one.

차를 렌트하실 건가요, 아니면 대중교통을 이용하실 건가요?
(A) 네, 저는 그렇습니다.
(B) 수리점에서요.
(C) 한 대를 렌트합시다.

정답 (C)
해설 질문에 언급된 두 가지 선택 사항에 대해 자동차(one = car)를 빌리는 일을 선택하는 정답.
어휘 **rent** ~을 렌트하다, 대여하다 **public transportation** 대중교통 **repair shop** 수리점, 정비소

3. Will we hire one assistant or two?
(A) It was much higher than that.
(B) He's a personal assistant.
(C) We really need two.

조수를 한 명 고용할까요, 아니면 두 명을 고용할까요?
(A) 그보다 훨씬 더 높았어요.
(B) 그는 개인 비서예요.
(C) 우리는 두 명이 정말 필요해요.

정답 (C)

해설 두 명이 꼭 필요하다는 말로 질문에서 제시한 것 중 two를 선택하여 답변하므로 정답.

어휘 hire ~을 고용하다 assistant 조수, 보조원 much 훨씬 higher than ~보다 높은 personal 개인적인

4. Was it Kellen or Thomas who reviewed the marketing report?

(A) Well, I'm not really sure.
(B) Black and white or color.
(C) It's next to the Marketing Department.

마케팅 보고서를 검토한 사람이 켈런이었나요, 아니면 토마스였나요?

(A) 글쎄요, 잘 모르겠어요.
(B) 흑백 또는 컬러요.
(C) 마케팅 부서 옆에 있어요.

정답 (A)

해설 선택 의문문에서 질문하는 둘 중 한 사람을 언급하지 않고 잘 모르겠다는 말로 질문에 답하는 정답.

어휘 review ~을 검토하다 report 보고서 sure 확신하는, 확실히 아는 next to ~옆에

5. Should we rent a small or a large room for the conference?

(A) I borrowed your pen.
(B) We'll need the big one.
(C) The room is quite small.

컨퍼런스를 위해 작은 공간을 대여해야 하나요, 아니면 큰 공간을 해야 하나요?
(A) 제가 당신의 펜을 빌렸어요.
(B) 우리는 큰 것이 필요할 거예요.
(C) 그 방은 꽤 작아요.

정답 (B)

해설 large room을 big one으로 지칭하여 선택 의문문에 대한 답변으로 적절하므로 정답.

어휘 rent ~을 대여하다 borrow ~을 빌리다 quite 꽤

6. Do you like taking a bus or a train to work?

(A) I prefer the train.
(B) For thirty minutes.
(C) Yes, he is out of the office today.

버스를 타고 출근하는 것을 선호하시나요, 아니면 기차를 타는 것을 선호하시나요?
(A) 저는 기차를 선호해요.
(B) 30분 동안이요.

(C) 네, 그는 오늘 사무실에 없습니다.

정답 (A)

해설 기차를 선호한다고 말하는 것으로 버스와 기차 중 기차를 선택하여 답변하므로 정답.

어휘 take (교통수단 등을) 타다 prefer ~을 선호하다 out of the office 자리를 비운, 사무실에 없는

7. Do we need two or three offices for the part-timers?

(A) A new apartment building.
(B) Some missing parts.
(C) I think two offices will be enough.

파트타임 직원들을 위해 사무실이 2개 필요한가요, 아니면 3개 필요한가요?
(A) 새로운 아파트 건물이요.
(B) 몇 개의 누락된 부품들이요.
(C) 사무실 2개면 충분할 거라고 생각해요.

정답 (C)

해설 2개의 사무실이 충분할 거라고 생각한다는 말로 two offices를 선택하는 답변이므로 정답.

어휘 part-timer 파트타임 직원, 시간제 근무 직원 office (개인) 사무실 (자리) missing 누락된 part 부품 enough 충분한

8. Can you fix the fax machine, or are you leaving soon?

(A) He just left.
(B) No, I didn't fix them.
(C) I have some time now.

당신은 팩스기를 고칠 수 있으세요, 아니면 곧 나가시나요?
(A) 그는 막 떠났어요.
(B) 아니요, 저는 그것들을 고치지 않았어요.
(C) 지금 시간이 좀 있어요.

정답 (C)

해설 지금 시간이 좀 있다는 말로 팩스기를 고칠 수 있다는 의미로 답변하므로 정답.

어휘 fix ~을 고치다, 수리하다 leave 나가다, 떠나다, 출발하다 cf. 동사변화는 leave-left-left

9. Should we purchase movie tickets for Friday or Saturday?

(A) I work both nights.
(B) Sure, I'll buy two of those.
(C) At 7:30.

우리는 금요일 영화 표를 구입해야 하나요, 아니면 토요일 영

화 표를 구입해야 하나요?

(A) 저는 이틀 밤에 모두 일해요.

(B) 그럼요, 그것 두 개를 살게요.

(C) 7시 30분에요.

정답 (A)

해설 영화 표를 구입할 요일을 묻는 선택 의문문에 두 요일 모두 일한다는 말로 답변하므로 정답.

어휘 **purchase** ~을 구입하다(= buy) **both** 둘 다

10. Do you have a moment to talk with me or are you busy?

(A) That's a good idea.

(B) I'm late for my meeting now.

(C) She is always busy.

저와 잠시 이야기할 시간이 있으세요, 아니면 바쁘신가요?

(A) 좋은 생각이네요.

(B) 저는 지금 회의에 늦었어요.

(C) 그녀는 항상 바빠요.

정답 (B)

해설 회의에 늦었다는 말로 이야기할 시간이 없다는 의미를 나타내어 답변하므로 정답.

어휘 **have a moment to do** 잠시 ~할 시간이 있다

Day 02 접속사 ❶

3초 퀴즈

정답 (B)

해석 귀하께서는 온라인 또는 유선으로 예약하실 수 있습니다.

해설 빈칸 앞에 부사 either가 있으므로 이 부사와 함께 쓰여 상관접속사를 구성하는 (B) or가 정답이다.

어휘 **make a reservation** 예약하다 **online** 온라인으로 **by phone** 유선으로 **either A or B** A 또는 B 중 하나

Practice

1. (B)	2. (D)	3. (C)	4. (C)	5. (D)

1.

정답 (B)

해석 우리는 금요일 또는 토요일에 오페라의 입장권을 판매하기 시작할 것입니다.

해설 빈칸 앞에 부사 either이 있고, 빈칸 앞뒤의 두 개의 요일이 연결되어야 하므로 빈칸은 등위접속사 자리이다. 그런데 표를 판매하기 시작하는 날은 하나일 수밖에 없으므로 둘 중 하나를 선택하는 등위접속사 (B) or가 정답이다.

어휘 **begin** ~을 시작하다 **sell** ~을 판매하다 **ticket** 입장권 **opera** 오페라 **also** 또한 **so** 그러므로

2.

정답 (D)

해석 모든 신입사원들은 6월 10일 오리엔테이션, 그리고 7월 5일 워크숍 둘 다 참석해야 합니다.

해설 빈칸 뒤에 동일한 형태의 두 개의 명사구가 and로 연결되어 있고, and로 연결된 구 앞에 빈칸이 있으므로 빈칸에는 상관접속사를 구성하는 부사가 들어갈 자리이다. 따라서 and와 결합할 수 있는 (D) both가 정답이다.

어휘 **employee** 직원 **attend** ~에 참석하다 **orientation** 오리엔테이션 **workshop** 워크숍 **both A and B** A와 B 둘 모두

3.

정답 (C)

해석 일부 참가자들은 그 양식을 작성 완료하지도, 그것을 책상에 제출하지도 않았다.

해설 빈칸 뒤에 동사구 두 개가 nor로 연결되어 있고, 빈칸이 nor로 연결된 구 앞에 있으므로 빈칸에는 상관접속사를 구성하는 부사가 들어갈 자리이다. 따라서 nor과 함께 쓰이는 (C) neither가 정답이다.

어휘 **some** 일부의 **participant** 참가자 **complete** ~을 작성 완료하다 **form** 양식 **submit** ~을 제출하다 **desk** 책상 **none** 아무도

4.

정답 (C)

해석 환자들께서는 사무실로 전화하시거나 저희 모바일 앱을 이용해 슐츠 박사님께 예약하실 수 있습니다.

해설 빈칸 뒤로 동일하게 생긴 두 개의 by 전치사구가 or로 연결되어 있다. 이 구조와 어울려 상관접속사를 구성하는 요소인 (C) either가 정답이다.

어휘 **patient** 환자 **make an appointment** 예약하다 **either A or B** A 또는 B 둘 중의 하나 **by -ing** ~함으로써 **call** ~에 전화하다 **mobile app** 모바일 앱

5.

정답 (D)

해석 마라 씨는 수공예품의 꽃병을 만들 뿐만 아니라 혼자 그것들을 팔기도 한다.

해설 빈칸 앞에 not only와 동사구가 있고, 빈칸 뒤에 also와 동사구가 있으므로 빈칸에는 not only와 함께 쓰일 수 있는 (D)

but이 정답이다.

어휘 **not only A but (also) B** A뿐만 아니라 B도
handcrafted 수공예품의 **sell** ~을 팔다 **oneself** 혼자
however 그러나 **although** 비록 ~임에도 불구하고

Day 03 평서문과 부가 의문문

Quiz

1. That was an <u>interesting</u> speech.
(A) He is interested in it. [X]
(B) You're right. It was great. [O]
(C) Yes, I'd like to. [X]

아주 흥미로운 연설이었어요.
(A) 그가 그것에 관심이 있습니다.
(B) 맞아요. 아주 좋았어요.
(C) 네, 그렇게 하고 싶습니다.

해설 (A) 연설의 특성이 아니라 대상을 알 수 없는 He에 관해 말하는 오답.
(B) 상대방의 의견에 동의하는 You're right과 함께 연설에 대한 자신의 의견을 덧붙인 정답.
(C) 연설에 대한 소감을 말하는 평서문에 대한 반응으로 맞지 않는 오답.

어휘 **speech** 연설

2. You've <u>worked</u> in London, haven't you?
(A) I don't think he was there. [X]
(B) It will take 5 hours by airplane. [X]
(C) Yes, it was a great experience. [O]

런던에서 일해 보신 적 있죠, 그렇지 않나요?
(A) 그분이 그곳에 있었던 것 같지 않아요.
(B) 비행기로 5시간 걸릴 겁니다.
(C) 네, 아주 좋은 경험이었어요.

해설 (A) 대상을 알 수 없는 he에 관해 말하는 답변이므로 오답.
(B) 비행에 소요되는 시간을 말하는 답변으로 How long 의문에 어울리는 반응이므로 오답.
(C) 긍정을 뜻하는 Yes와 함께 런던에서 일했던 것을 대명사 it으로 지칭하여 좋은 경험이었다는 생각을 덧붙이는 답변이므로 정답.

어휘 **take + 시간:** ~의 시간이 걸리다 **by airplane** 비행기로
experience 경험, 경력

Practice

1. (A)	**2.** (A)	**3.** (B)	**4.** (B)	**5.** (A)
6. (A)	**7.** (C)	**8.** (A)	**9.** (B)	**10.** (C)

1. I can't find my pen.
(A) You can borrow mine.
(B) No, thanks.
(C) In the storage room.

제 펜을 찾을 수가 없어요.
(A) 제 것을 빌려 가셔도 됩니다.
(B) 아뇨, 괜찮습니다.
(C) 보관실에요.

정답 (A)
해설 pen을 mine으로 지칭하여 자신의 것을 사용할 것을 제안하는 말이므로 정답.
어휘 **find** ~을 찾다, 발견하다 **borrow** ~을 빌리다 **mine** 나의 것
storage 보관, 저장

2. You'll send the document today, won't you?
(A) Yes, but it will be a little late.
(B) In the company newsletter.
(C) I was interested in it.

오늘 그 문서를 보내실 거죠, 그렇지 않나요?
(A) 네, 하지만 조금 늦을 겁니다.
(B) 회사 사보에요.
(C) 저는 그것에 관심이 있었습니다.

정답 (A)
해설 긍정을 나타내는 Yes와 함께 조금 늦게 보낼 것이라는 말로 문서 전송 예정 여부를 묻는 질문에 답하는 정답.
어휘 **newsletter** 사보, 소식지

3. Let's visit our new branch office this afternoon.
(A) From Monday to Friday.
(B) That's a good idea.
(C) He gave us a tour yesterday.

오늘 오후에 우리의 새 지사를 방문합시다.
(A) 월요일부터 금요일까지요.
(B) 좋은 생각입니다.
(C) 그가 어제 저희에게 견학시켜 주었어요.

정답 (B)
해설 새 지사를 방문하자는 상대방의 제안에 좋은 생각이라는 말로 동의하는 답변이므로 정답.
어휘 **branch office** 지사 **give A a tour:** A에게 견학시켜주다

4. That woman in the red dress is Ms. Parker, right?

(A) At the reception desk.

(B) No, that's Ms. Nelson.

(C) The blue one looks nicer.

빨간색 드레스를 입은 저 여자 분이 파커 씨죠, 맞죠?

(A) 접수처에서요.

(B) 아뇨, 저 분은 넬슨 씨입니다.

(C) 파란색인 것이 더 멋있어 보여요.

정답 (B)

해설 부정을 나타내는 No와 함께 상대방이 잘못 알고 있는 정보를 정정하며 질문에 답하는 정답.

어휘 **in the red dress** 빨간색 드레스를 입은 **reception desk** 접수 데스크, 안내 데스크 **look + 형용사:** ~하게 보이다, ~한 것 같다 **nicer** 더 좋은, 더 나은 (nice의 비교급)

5. Ms. Wilson can't go to the staff meeting today.

(A) Oh, then I'll take the notes.

(B) It's today, in thirty minutes.

(C) No, thanks. I can walk.

윌슨 씨가 오늘 직원 회의에 못 가신대요.

(A) 아, 그럼 제가 필기할게요.

(B) 오늘 30분 후에요.

(C) 아니요, 괜찮아요. 걸을 수 있어요.

정답 (A)

해설 직원 회의에 참석하지 못하는 윌슨 씨를 대신해 필기하겠다는 의미를 나타내어 상대방에 말에 대한 반응으로 적절하므로 정답.

어휘 **staff meeting** 직원 회의 **take notes** 필기하다 **in + 시간:** ~후에

6. The new intern starts working today, doesn't he?

(A) Yes, that's what I heard.

(B) It was installed yesterday.

(C) Actually, I worked on it.

신입 인턴 직원이 오늘 근무를 시작하죠, 그렇지 않아요?

(A) 네, 그렇다고 들었어요.

(B) 그것은 어제 설치되었어요.

(C) 실은, 제가 그것에 대해 작업했어요.

정답 (A)

해설 긍정을 의미하는 Yes와 함께 질문자의 말을 동일한 정보를 들었다는 말로 확인해주는 답변이므로 정답.

어휘 **start -ing** ~하는 것을 시작하다 **that's what I heard** (앞서 언급된 말에 대해) 그렇다고 들었어요 **install** ~을 설치하다 **actually** 실은, 사실은 **work on** ~에 대한 작업을 하다

7. You can order the item on our Web site.

(A) No, he didn't.

(B) You can see it on the menu.

(C) Is it available right now?

저희 웹 사이트에서 그 제품을 주문하실 수 있습니다.

(A) 아뇨, 그는 그렇게 하지 않았습니다.

(B) 메뉴에서 그것을 보실 수 있습니다.

(C) 지금 바로 구매 가능한가요?

정답 (C)

해설 the item을 it으로 지칭하여 지금 바로 구매 가능한지 묻는 질문으로 응답하여 상대방의 말에 대한 적절한 반응이므로 정답.

어휘 **order** ~을 주문하다 **item** 제품, 물품, 품목 **available** 구매 가능한, 이용 가능한 **right now** 지금 바로, 당장

8. Let's ask Lesley to give us feedback on our presentation.

(A) She told me she's very busy.

(B) I'll give it back tomorrow.

(C) Everyone was present.

레슬리 씨에게 우리 발표에 대한 피드백을 요청합시다.

(A) 그녀는 매우 바쁘다고 나에게 말했어요.

(B) 내일 돌려 드릴게요.

(C) 모두가 참석했어요.

정답 (A)

해설 그녀가 매우 바쁘다고 했다는 말로 발표에 대한 피드백을 요청할 수 없음을 나타내어 상대방의 제안에 대한 답변이 될 수 있으므로 정답.

어휘 **ask A to do:** A에게 ~하도록 요청하다 **give A feedback on:** A에게 ~에 대해 피드백을 주다 **presentation** 발표 **give A back:** A를 돌려주다 **present** 참석한

9. Ms. Gomez has the copies of the budget, doesn't she?

(A) Fifty copies.

(B) Let's look on her desk.

(C) We're happy with the budget.

고메즈 씨가 예산안 사본을 가지고 있죠, 그렇지 않나요?

(A) 50부요.

(B) 그녀의 책상을 봅시다.

(C) 우리는 예산에 만족해요.

정답 (B)

해설 Ms. Gomez를 her로 지칭해 그녀의 책상을 보자는 말로 질

문에 답변하므로 정답.

어휘 copy 복사본 budget 예산(안) happy with ~에
만족하는

10. The quarterly report's due tomorrow, right?
　　(A) At our headquarters.
　　(B) She's not here right now.
　　(C) You'd better ask Tina.

　　분기 보고서의 기한이 내일이죠, 맞죠?
　　(A) 우리 본사에서요.
　　(B) 그녀는 지금 여기에 없어요.
　　(C) 티나 씨에게 물어보시는 게 좋겠어요.

정답 (C)

해설 다른 사람에게 물어보는 게 좋겠다는 말로 보고서의 기한을
묻는 질문에 답하는 정답.

어휘 quarterly 분기별의 due + 시점: ~가 기한인
headquarters 본사 right now 지금 You'd better +
동사원형: ~하는 게 좋겠어요

Day 04 접속사 ❷

3초 퀴즈

정답 (B)

해석 제이슨 씨는 젊음에도 불구하고 프라이머리 은행의 대표이사
가 될 것이다.

해설 선택지가 모두 부사절 접속사이므로 두 절의 의미 관계를 파
악해 알맞은 부사절 접속사를 골라야 한다. 빈칸 앞으로 제이
슨 씨가 나이가 어림에도 지위가 높은 대표이사가 될 것이라는
상반된 내용이 제시되고 있으므로 '~임에도 불구하고'라는 뜻
의 (B) although가 정답이다.

어휘 become ~이 되다 CEO 대표이사 young 젊은 before
~전에 although ~임에도 불구하고

Practice

| 1. (B) | 2. (B) | 3. (A) | 4. (A) | 5. (A) |

1.

정답 (B)

해석 비록 평론가들이 그 영화를 칭찬하기는 했지만, 그 영화는 상
업적으로 실패했다.

해설 선택지가 모두 접속사들로 구성되어 있으므로 해석을 통해 의
미 관계를 파악해야 한다. 종속절에서는 평론가들이 영화를
칭찬했다는 내용이, 주절에서는 영화가 실패했다는 상반된
내용을 제시되고 있으므로 '비록 ~이지만'이라는 의미인 (B)
Although가 정답이다.

어휘 reviewer 비평가 praise ~을 칭찬하다 fail 실패하다
commercially 상업적으로 when ~할 때 although
비록 ~이지만 and 그리고 because ~ 때문에

2.

정답 (B)

해석 참석자들은 컨벤션 홀에 입장하기 전에, 환영 책자 꾸러미를
받아 가야 합니다.

해설 선택지가 모두 부사절 접속사이므로 두 문장의 의미 관계를
파악해 알맞은 부사절 접속사를 골라야 한다. 컨벤션 홀에 들
어가는 것보다 환영 책자 꾸러미를 받아 가는 것이 순서상 먼
저이므로 '~하기 전에'라는 의미의 (B) Before가 정답이다.

어휘 attendee 참석자 enter ~에 입장하다 pick up ~을
찾아가다 packet (안내) 책자 묶음 although 비록 ~이지만
before ~하기 전에 until ~할 때까지 whereas ~인 반면

3.

정답 (A)

해석 주말 내내 비가 내릴 것이기 때문에 회사 야유회 일정이 재조
정되었다.

해설 선택지가 모두 부사절 접속사이므로 두 절의 의미 관계를 파
악해 알맞은 부사절 접속사를 골라야 한다. 비가 내릴 것이라
는 내용은 야유회 일정이 재조정되었다는 사실의 원인에 해당
하므로 '~하기 때문에'라는 의미의 (A) since가 정답이다.

어휘 company picnic 회사 야유회 reschedule 일정을
재조정하다 all weekend 주말 내내 since ~하기 때문에
even though 비록 ~이지만 after ~한 후에 if 만약 ~라면

4.

정답 (A)

해석 행사 동안 텔레비전을 구매하신다면, 연장된 보증서가 포함될
것입니다.

해설 선택지가 접속사, 전치사, 부사로 구성되어 있으므로 문장 구
조를 분석해야 한다. 빈칸 앞뒤로 완전한 문장이 있으므로 빈
칸은 접속사 자리인데 빈칸 뒤의 내용이 연장된 보증서를 받는
조건에 해당되므로 '만약 ~한다면'이라는 뜻의 (A) if가 정답
이다.

어휘 extended 연장된 warranty 보증서 include ~을
포함하다 purchase ~을 구매하다 during ~동안 event
행사 if 만약 ~한다면 for ~을 위해 yet 아직 either 둘 중
하나의

5.

정답 (A)

해석 올해 킹 매뉴팩처링의 생산량은 감소해온 반면, 월 이익은 꾸준히 증가해왔다.

해설 선택지가 접속사와 접속부사로 구성되어 있으므로 문장 구조를 분석해야 한다. 콤마 앞뒤로 완전한 문장이 있으므로 빈칸은 접속사 자리인데 앞뒤 문장이 서로 반대되는 내용이므로 '~인 반면'이라는 뜻의 (A) While이 정답이다.

어휘 output 생산량 decrease 감소하다 monthly 월간의 profit 이익 rise 증가하다 steadily 꾸준히 while ~인 반면에 since ~때문에 when ~할 때 however 그러나

Day 05 Weekly Test

VOCA

1. (A)	2. (C)	3. (B)	4. (A)	5. (C)
6. (B)	7. (B)	8. (C)		

7.

해석 지역 영업부장인 호워드 씨는 정기적으로 영업 사무실을 방문한다.

해설 빈칸에는 호워드 씨가 영업 사무실을 방문하는 주기를 나타내는 어휘가 필요하다. 따라서 '정기적으로'라는 뜻의 (B) regularly가 정답이다.

어휘 regional 지역의 sales 영업 manager 부장 visit ~을 방문하다 office 사무실 internally 내부적으로 regularly 정기적으로 strictly 엄격하게 essentially 필수적으로

8.

해석 건축 허가서와 관련해 몬트리올 엔지니어링을 대신해 편지를 씁니다.

해설 빈칸 앞뒤에 제시되어 있는 전치사 on과 of와 함께 쓰여 '~을 대신해'라는 뜻을 나타낼 수 있는 (C) behalf가 정답이다.

어휘 on behalf of ~을 대신해 regarding ~와 관련해 construction 건축 permit 허가(서) guideline 가이드라인 benefit 이점 top 최고

LC

1. (B)	2. (A)	3. (C)	4. (A)	5. (B)
6. (B)	7. (C)	8. (C)	9. (C)	10. (B)

1.

The training session starts soon, doesn't it?
(A) The train will arrive soon.

(B) You probably have time to print the file.
(C) Actually, I think she does have a few.

교육이 곧 시작되죠, 그렇지 않나요?
(A) 열차가 곧 도착합니다.
(B) 아마 파일을 인쇄하실 시간은 있을 거예요.
(C) 사실, 그녀가 몇 개 가지고 있을 거라고 생각해요.

정답 (B)

해설 (A) 교육 시작 예정에 대한 여부가 아닌 기차 도착에 관한 내용이므로 오답.
(B) 교육이 곧 시작되긴 하지만 파일을 인쇄할 만큼의 시간 여유는 있을 것이라는 의미로 질문에 답하는 정답.
(C) 대명사 she와 a few가 가리키는 대상을 알 수 없으므로 오답.

어휘 probably 아마 have time to do ~할 시간이 있다 actually 사실 a few 몇 개

2.

Should I order the supplies today or next week?
(A) You can do it later.
(B) At least 20, I think.
(C) You can borrow mine.

용품을 오늘 주문해야 하나요, 아니면 다음 주에 해야 하나요?
(A) 나중에 하셔도 됩니다.
(B) 제 생각에 최소한 20개요.
(C) 제 것을 빌려 가셔도 됩니다.

정답 (A)

해설 (A) next week를 선택하는 답변이므로 정답.
(B) 주문 시점이 아닌 수량을 나타내는 답변이므로 오답.
(C) 주문해야 하는 시점과 관련 없는 내용이므로 오답.

어휘 order ~을 주문하다 supplies 용품, 물품 later 나중에 at least 최소한, 적어도 borrow ~을 빌리다 mine 나의 것

3.

The retirement party for Mr. Wong is this Friday, isn't it?
(A) Let's meet this afternoon.
(B) Just a few hours.
(C) Yes, but I won't be able to make it.

웡 씨의 퇴직 기념 파티가 이번 주 금요일이죠, 그렇지 않나요?
(A) 오늘 오후에 만납시다.
(B) 단 몇 시간이요.
(C) 네, 하지만 전 갈 수 없을 것 같아요.

정답 (C)

해설 (A) 퇴직 기념 파티 개최 일정이 아닌 답변자가 질문자에게 만나자는 제안하는 말이므로 오답.
(B) 지속 시간을 말하는 답변으로 How long 의문문에 어울리는 반응이므로 오답.

(C) 긍정을 나타내는 Yes와 함께 참석하지 못한다고 알리는 말을 덧붙여서 질문에 대한 답변이 될 수 있으므로 정답.

어휘 retirement 퇴직, 은퇴 a few 몇몇의 be able to do ~할 수 있다 make it (장소에) 도착하다, 가다

4. Would you rather see the movie today or tomorrow?
 (A) Either is okay with me.
 (B) No, by the end of today.
 (C) It was really interesting.

영화를 오늘 보시겠어요, 아니면 내일 보시겠어요?
 (A) 둘 중 어느 것이든 좋습니다.
 (B) 아뇨, 오늘 일과 종료 시점까지요.
 (C) 정말 흥미로웠어요.

정답 (A)
해설 (A) 둘 중 어느 것이든 좋다는 말로 영화를 언제 보면 좋을지 묻는 선택 의문문에 답하는 정답.
 (B) Yes/No 답변은 선택 의문문에 어울리지 않는 오답.
 (C) movie와 관련 있게 들리는 관람 소감을 언급하였지만 질문과 관련 없는 내용이므로 오답.
어휘 Would you rather do? ~하시겠어요? either 둘 중 어느 것이든 by (기한) ~까지 interesting 흥미로운

5. You've been working here for many years, haven't you?
 (A) Yes, I work ten hours a day.
 (B) Yes, seventeen years.
 (C) No, there aren't many left.

여기서 여러 해 동안 근무해 오고 계시죠, 그렇지 않나요?
 (A) 네, 저는 하루에 10시간 근무해요.
 (B) 네, 17년이요.
 (C) 아뇨, 남아 있는 것이 많지 않아요.

정답 (B)
해설 (A) 근무 기간에 대해 묻는 질문에 어울리지 않는 오답.
 (B) 긍정을 나타내는 Yes와 함께 17년이라는 정확한 근무 기간으로 답변하므로 정답.
 (C) No 뒤에 이어지는 말이 근무 기간이 아닌 수량을 나타내는 답변이므로 오답.
어휘 there are A left: 남아 있는 A가 있다 cf. left는 leave(~을 남기다)의 과거분사형. 동사변화는 leave-left-left

6. The air conditioner is out of order.
 (A) No, the weather will be fine.
 (B) It will be repaired soon.
 (C) I prefer the red one.

에어컨이 고장 났어요.
 (A) 아뇨, 날씨가 좋을 겁니다.
 (B) 곧 수리될 겁니다.
 (C) 저는 빨간색으로 된 것이 더 좋습니다.

정답 (B) .
해설 (A) 날씨 관련 답변으로 질문과 관련 없는 내용이므로 오답.
 (B) air conditioner를 It으로 지칭해 곧 수리될 것이라고 답변하므로 정답.
 (C) 기기의 작동 상태와 관련 없는 오답.
어휘 air conditioner 에어컨 out of order 고장 난 repair ~을 수리하다 soon 곧, 머지않아 prefer ~을 더 좋아하다, 선호하다

7. Would it be better to get a laptop or a tablet computer?
 (A) Two o'clock is better.
 (B) On the table, next to the cabinet.
 (C) What will you be using it for?

노트북 컴퓨터를 사는 게 나을까요, 아니면 태블릿을 사는 게 나을까요?
 (A) 2시가 더 좋아요.
 (B) 수납장 옆 테이블 위에요.
 (C) 그것을 어떤 용도로 사용하실 건가요?

정답 (C)
해설 (A) 제시된 선택 사항과 관련 없는 내용이므로 오답.
 (B) tablet과 유사하게 들리는 table을 활용한 오답.
 (C) 어떤 용도로 사용할 것인지 되묻는 것은 선택 의문문에 대한 답변으로 적절하므로 정답.
어휘 it is better to do ~하는 것이 더 낫다 next to ~옆에

8. Do you work in Development or Finance?
 (A) That seems expensive.
 (B) I bought it at the department store.
 (C) Neither, actually.

개발 부서에서 일하시나요, 아니면 재무 부서에서 일하시나요?
 (A) 비싸 보이네요.
 (B) 전 그것을 백화점에서 샀어요.
 (C) 사실, 둘 다 아니에요.

정답 (C)
해설 (A) 의견을 말하는 답변으로 일하는 소속 부서를 묻는 질문과 관련 없는 내용이므로 오답.
 (B) 부서명과 관련 있게 들리는 department store을 언급하였지만 질문과 관련 없는 내용이므로 오답.
 (C) 둘 다 아니라고 말하며 소속 부서를 묻는 선택 의문문에

대한 답변으로 적절하므로 정답.

어휘 Development 개발 부서 Finance 재무 부서 seem + 형용사: ~하게 보이다, ~한 것 같다 department store 백화점 neither 둘 다 아니다 actually 사실

9. I'd like to submit my application form.
(A) Sometime last week.
(B) There are many jobs.
(C) Which position is it for?

제 지원서를 제출하고자 합니다.
(A) 지난 주 중에요.
(B) 많은 일자리가 있습니다.
(C) 어느 직책에 대한 지원서인가요?

정답 (C)

해설 (A) 과거시점을 말하는 답변으로 When 의문문에 어울리는 반응이므로 오답.
(B) application form과 관련 있게 들리는 jobs를 활용하여 혼동을 유발하는 오답.
(C) 상대방이 말하는 application form과 관련하여 position에 대해 되묻는 질문으로 상대방의 말에 응답하는 정답.

어휘 submit ~을 제출하다 application form 지원서, 신청서 job 일, 일자리 position 직책, 일자리

10. Did you sign up for Tuesday's computer training or Thursday's?
(A) Okay, I'll reschedule the meeting.
(B) I haven't registered yet.
(C) The session is in conference room B.

화요일의 컴퓨터 교육에 등록하셨나요, 아니면 목요일에 등록하셨나요?
(A) 좋아요, 회의 일정을 변경할게요.
(B) 전 아직 등록하지 않았어요.
(C) 그 세션은 B 회의실에서 있습니다.

정답 (B)

해설 (A) 회의 일정을 변경하겠다는 답변으로 질문과 관련 없는 내용이므로 오답.
(B) 아직 등록하지 않았다는 말로 교육 등록 요일을 묻는 선택의문문에 대한 답변으로 적절하므로 정답.
(C) 세션이 이루어지는 장소를 말하는 답변으로 질문과 관련 없는 내용이므로 오답.

어휘 sign up for ~에 등록하다 reschedule ~의 일정을 변경하다 register 등록하다 session 세션, (교육) 시간

RC

1. (B)	2. (B)	3. (B)	4. (C)	5. (C)
6. (C)	7. (D)	8. (C)	9. (A)	10. (B)

1.
정답 (B)
해석 마리 크루즈 씨는 월요일에 공식적으로 회계직을 제안 받았지만 아직 응답하지 않고 있다.
해설 빈칸 앞뒤로 완전한 절이 있으므로 빈칸은 접속사 자리이다. 두 절의 내용이 상반된 내용을 나타내므로 (B) but이 정답이다.
어휘 formally 공식적으로 offer ~을 제공하다 accounting 회계 job 일 have yet to do 아직 ~하지 않았다 respond 대답하다 and 그리고 but 하지만 or 또는

2.
정답 (B)
해석 직원들도 배달원들도 신분증 없이는 건물에 출입할 수 없다.
해설 빈칸 앞에 neither가 있으므로 neither와 짝을 이루는 (B) nor가 정답이다.
어휘 neither A nor B A도 B도 아닌 delivery 배달 be allowed to do ~하는 것을 허용하다 enter ~에 출입하다 without ~없이 identification 신분증

3.
정답 (B)
해석 마케팅 팀이 연장근무까지 했음에도 불구하고, 프로젝트는 실패로 끝났다.
해설 빈칸 앞뒤로 완전한 절이 있으므로 빈칸은 부사절 접속사 자리이다. 선택지 중 부사절 접속사는 (B) Although, (C) Because, (D) Until인데 연장근무를 했다면 프로젝트 성과가 높을 것으로 기대되지만 오히려 프로젝트가 실패로 끝났다고 제시되었으므로 상반되는 내용을 연결하는 (B) Although가 정답이다.
어휘 work 근무하다 overtime 시간외로 end in 결국 ~로 끝나다 failure 실패 despite ~에도 불구하고 although ~에도 불구하고 because ~때문에 until ~까지

4.
정답 (C)
해석 살사 춤 강좌는 보통 지역사회 센터나 스페인 문화원 중 한 곳에서 열린다.
해설 빈칸 뒤에 등위접속사 or이 두 개의 장소를 연결하고 있으므로 or과 함께 쓰여 '둘 중 하나'라는 뜻을 가진 (C) either가 정답이다.
어휘 usually 보통 hold (행사 등) 열다 community 지역사회 cultural center 문화원 and 그리고 but 그러나

either A or B A 또는 B 둘 중 하나 neither (A nor B)
(A도 B도) 둘 다 아닌

5.
정답 (C)
해석 저희가 귀하의 서면 동의를 받지 못할 경우, 어떤 이유로든 귀하의 개인정보를 공유하지 않을 것입니다.
해설 빈칸이 포함된 문장과, 콤마 뒤의 문장이 모두 완전하므로 빈칸은 부사절 접속사 자리이다. 따라서 선택지에서 유일한 부사절 접속사인 (C) Unless가 정답이다.
어휘 written consent 서면 동의 share ~을 공유하다
personal information 개인정보 for any reason 어떤 이유에서든 therefore 그러므로 except ~을 제외하면
unless ~하지 않는다면 without ~이 없다면

6.
정답 (C)
해석 저희 회사에서 제공하는 기술지원 서비스는 전화와 인터넷으로 모두 이용할 수 있습니다.
해설 빈칸 앞에 both가 있으므로 both와 짝을 이루는 (C) and가 정답이다.
어휘 technical 기술의, 기술적인 support 지지, 지원 offer
~을 제공하다 available 이용할 수 있는 by phone 전화로
both A and B A와 B 둘 다 also 또한 either (A or B)
(A 또는 B) 둘 중 하나

7.
정답 (D)
해석 게시된 안내문이 승객들로 하여금 기차에 탑승한 동안 휴대폰을 사용하지 말도록 권고하고 있다.
해설 빈칸 앞뒤로 완전한 절이 있으므로 빈칸은 부사절 접속사 자리이다. 따라서 (D) while이 정답이다.
어휘 posted 게시된 sign 안내문 discourage A from -ing
A가 ~을 하지 않도록 권고하다 passenger 승객 during
~동안에 only ~만 soon 곧 while ~하는 동안

8.
정답 (C)
해석 그 운전면허시험 교본은 기본적인 도로 법규뿐만 아니라 속도제한 범위에 대해서도 대략적으로 설명하고 있다.
해설 빈칸 앞에 not only가 있으므로 not only와 함께 'A뿐만 아니라 B도'를 의미하는 (C) but이 정답이다.
어휘 textbook 교본 driver's license test 운전면허시험
outline ~을 대략적으로 설명하다 not only A but also
B A뿐만 아니라 B도 road rule 도로 법규 speed limit
속도제한 range 범위

9.
정답 (A)
해석 보수공사가 완료되었기 때문에 직원들은 건물 남쪽 출입구를 이용할 수 있습니다.
해설 빈칸 앞뒤로 완전한 절이 있으므로 빈칸은 부사절 접속사 자리이다. 보수 공사가 완료되었다는 말은 출입구를 이용할 수 있는 이유가 되므로 '~이므로, ~때문에'를 의미하는 (A) now that이 정답이다.
어휘 employee 직원 use ~을 이용하다 entrance 출입구
renovation 보수 complete ~을 완료하다 now
that ~이므로 because of ~때문에 while ~하는 동안
although 비록 ~임에도 불구하고

10.
정답 (B)
해석 그 대표이사는 회사의 위기상황에 대한 해결책을 내놓아야 했기 때문에 스트레스에 시달렸다.
해설 빈칸 앞뒤로 완전한 절이 있으므로 빈칸은 부사절 접속사 자리이다. 회사 위기에 대한 해결책을 내놓아야 하는 것이 대표이사가 스트레스를 받는 이유에 해당되므로 '~때문에'를 의미하는 (B) since가 정답이다.
어휘 under pressure 스트레스를 받는 come up with
(아이디어 등을) 생각해 내다 solution 해결책 crisis
위기 due to ~ 때문에 since ~이기 때문에 until ~까지
except for ~을 제외하고